AF595705

EXAMEN CRITIQUE

DE L'EXTRAIT D'UN RAPPORT,

PRÉSENTÉ

A S. Exc. LE MINISTRE-SECRÉTAIRE-DÉTAT DE L'INTÉRIEUR

PAR L'ACADÉMIE ROYALE DE MEDECINE,

TOUCHANT LES COMPOSITIONS MÉDICALES DITES SECRÈTES;

ET SPÉCIALEMENT,

LES ÉVACUANS CONNUS SOUS LES NOMS DE VOMI-PURGATIF ET PURGATIF DE LE ROY.

Errare humanum est.

PAR C.-P. MARTIN,

Ex-Pharmacien Aide-Major, et Médecin des armées; ex-Médecin-Adjoint du bureau de charité du deuxième arrondissement, Docteur en médecine de la Faculté de Paris.

SE TROUVE AU BUREAU

DE LA GAZETTE DES MALADES, RUE DE SEINE-St.-GERMAIN, N. 49.

A Paris.

INTRODUCTION.

Lorsqu'un corps savant est appelé à présenter un rapport sur une matière quelconque, ce n'est point ce corps en masse qui opère; mais il délègue quelques-uns de ses membres qui agissent, pensent et écrivent en son nom.

Quelques membres de l'Académie de médecine, réunis sous le nom de *Commission*, sont donc les auteurs du rapport dont l'examen va suivre; et comme ces individus sont des hommes, sujets ainsi que d'autres, à se tromper, il en résulte que si l'on parvient à démontrer qu'il existe, dans cet écrit, des erreurs graves, des assertions exagérées ou non fondées sur la vérité et l'observation des faits, l'on ne prétend point, pour cela, suspecter la bonne foi de l'Académie, ni blesser ce corps respectable, comme on n'entend, en aucune manière, lui imputer ce qui, dans ce même rapport, a paru susceptible d'être relevé comme inexact.

EXAMEN DU RAPPORT.

CHAPITRE PREMIER.

La première partie du rapport concernant les remèdes et compositions médicinales secrètes, n'étant point applicable et ne convenant nullement à M. Le Roy, qui, à diverses reprises, a publié la composition de ses évacuans, nous la passerons sous silence pour aborder de suite les deux questions principales que présente le travail de la commission relativement aux évacuans de M. Le Roy. Ces deux questions sont :

1°. L'analyse des évacuans vomi-purgatif et purgatif, faite par les chimistes désignés à cet effet par l'Académie de médecine ;

2° Le danger de ces évacuans qu'ils déduisent :

1° Du mode d'action des purgatifs drastiques sur les organes de l'homme, et des accidens morbides qui en résultent selon eux ;

2° Des expériences qu'ils ont tentées sur des animaux vivans pour appuyer cette assertion.

ANALYSE DES ÉVACUANS.

PARAGRAPHE PREMIER.

Les membres de l'Académie qui ont opéré l'analyse des évacuans, ont trouvé que la composition connue sous le nom de *vomi-purgatif*, contenait, outre une quantité d'extractif de séné, trop faible pour être déterminée, *trois grains et demi d'émétique* par once de liqueur vomitive.

L'once de cette liqueur vomitive peut remplir deux cuilleres à bouche ; et l'ordonnance qui prescrit la manière d'employer ce vomitif, indique que la dose, pour une personne adulte, est d'une cuillere ordinaire à bouche ; il en résulte donc que M. Le Roy prescrit à son malade de prendre, au plus et souvent moins, en une fois, *un grain et trois quarts de grain d'émétique*, dose à laquelle on sait généralement que tous les médecins ordonnent ce médicament.

Or, sans prétendre décider ici, si la formule du vomi-purgatif, publiée par M. Le Roy, et communiquée au ministère de l'intérieur, répond exactement au médicament du même nom, acheté chez M. Cottin, d'après les ordres de l'Académie de médecine, pour être analysé par un ou deux de ses membres, nous nous arrêtons ici, et prenons acte que d'après l'analyse du vomi-purgatif, donnée dans le rapport, M. Le Roy ne prescrit l'émétique qu'à la dose *d'un grain et trois quarts de grain*, lorsque dans l'ordonnance où il trace l'emploi de son vomi-purgatif, il désigne positivement une cuillere ordinaire à bouche de ce médicament, comme étant la dose nécessaire pour faire vomir un adulte. Nous concluerons plus loin.

PARAGRAPHE II.

Vient ensuite l'analyse du médicament, connu sous le nom de purgatif, médicament sous forme liquoreuse, d'une administration facile et prompte, point repoussante, et que le rapport compare avec raison, à la préparation, dont toutes les pharmacopées contiennent la recette sous le nom d'eau-de-vie allemande.

Ici le rapport présente une erreur sans doute involontaire, mais des plus graves.

Il y est dit que *douze onces* de la liqueur purgative du 2e *degré*, analysées avec soin, ont donné pour résultat, *deux gros* et *trente grains de résine*.

Il n'y a point de doute que les chimistes, chargés de l'analyse, n'aient opéré sur le purgatif du 4e *degré* ; nous osons avancer ce fait, la main sur la conscience, ensuite des expériences comparatives que nous avons tentées à ce sujet avec un soin religieux, et avec d'autant plus d'assurance, que ce genre d'analyse étant d'une grande facilité et à la portée du chimiste le moins habile, il ne peut point offrir de résultats différens lorsqu'on opère avec tant soit peu de soin.

Nous osons le répéter, c'est bien le purgatif du 4e degré qui a été analysé par les chimistes délégués; le fait est incontestable; mais bien décidés à ne nous permettre aucune réflexion à cet égard, et soupçonnant simplement une méprise, nous nous bornerons à représenter pour preuve, le résultat rigoureux des analyses que nous avons tentées successivement sur les quatre différens degrés du purgatif. (1)

Douze onces du 4e degré ont fourni *deux gros trente-trois grains* de résine, ce qui est, à trois grains près, le résultat obtenu par les chimistes du rapport, qui disent cependant avoir opéré sur le purgatif *deuxième degré.*

Douze onces du 3e degré ont fourni *deux gros de résine.*

Douze onces du 2e degré en ont fourni *un gros vingt-six grains.*

Douze onces du 1er degré environ *moitié de ce dernier.*

Observons maintenant que le purgatif du 4e degré est fort peu employé, qu'il l'est toujours chez des individus qui ont successivement essayé des degrés inférieurs, et chez lesquels l'insuffisance de ceux-ci

---

(1) Procédé d'après lequel les purgatifs ont été analysés.

Douze onces de liqueur purgative de chaque degré, ont été évaporées lentement à la chaleur du bain de sable.

Lorsque la liqueur a été concentrée jusqu'au degré de la consistance de sirop épais, on a versé dessus, suffisante quantité d'eau distillée.

L'eau distillée a bientôt dissous la *matière sucrée* que renferme le purgatif, et la *matière résineuse* qui est insoluble dans l'eau, s'est rassemblée en une masse, que l'on a lavée soigneusement à l'eau pure pour séparer ce qui restait de sucre.

C'est après ces opérations successives qu'on a pesé la matière résineuse, après l'avoir fait sécher à l'air.

Cette analyse a été répétée à plusieurs reprises et sur des liqueurs purgatives préparées à *plusieurs années de distance.*

Les eaux de lavage ont été essayées et n'ont offert que de la matière sucrée.

est reconnue, soit par l'effet de l'habitude, soit par suite d'une disposition naturelle qui fait que leurs organes sont moins sensibles à l'impression des évacuans.

Du reste, supposons un moment que le purgatif du 2e *degré* contienne réellement, sur douze onces de liqueur, *deux gros et trente grains* de matière résineuse, c'est-à-dire *cent soixante quatorze grains*. Eh bien! chaque once de liquide comporte deux cuillerées ordinaires à bouche; la dose prescrite par l'ordonnance qui règle l'administration de ce médicament, est, à la rigueur, d'une cuillerée ordinaire à bouche; c'est-à-dire que M. Le Roy ordonne à un malade adulte qu'il veut purger, *sept grains et quart de grain* de résines purgatives, dissoutes dans un véhicule alcoolique à 20 degrés, lequel est édulcoré d'un sirop de séné.

Nous fixons encore ici l'attention du lecteur, pour lui faire observer que les résines purgatives sont journellement prescrites à cette dose par tous les praticiens, et que ces derniers savent bien que la plupart du temps, chez la majorité des individus, cette dose n'agit que comme un purgatif peu actif et sans ébranler la machine.

Ainsi donc, en nous appuyant de l'analyse même des chimistes de l'Académie, nous parvenons à prouver sans peine, combien sont exagérées ces expressions du rapport qui qualifient les évacuans de M. Le Roy, DE DRASTIQUES VIOLENS, DE COMPOSITIONS OU LES DOSES SONT PORTÉES A DE MORTELS EXCÈS! Cette exagération paraîtra bien plus grande encore, si l'on veut se souvenir que M. Le Roy ordonne rarement, et seulement dans certains cas, le purgatif du 4e degré; et que prescrivant toujours, en premier lieu, le purgatif du 1er ou du 2e degré, il n'administre réellement par dose, que 4 ou 6 de grains de substances purgatives.

En se servant de l'expression MORTELS EXCÈS, les membres de la commission ont peut-être eu pour objet de désigner la répétition des doses évacuantes ainsi qu'elle est prescrite dans la méthode purgative; nous verrons bientôt si, sous ce point de vue, ces expressions ne sont pas également inconvenantes et déplacées.

Nous terminons ici la question de l'analyse; question aride, mais capitale, puisque la discussion vient de mettre en évidence deux faits de la plus haute importance.

D'abord, une erreur ou méprise de la part des membres de l'Aca démie chargés de l'analyse, qui ont opéré sur le purgatif du 4e degré et non sur le purgatif du 2e degré, comme le dit le rapport.

En second lieu, que les évacuans de M. Le Roy, vomi-purgatif et purgatifs, ne contiennent les matières actives que dans des proportions fort bornées, proportions avouées et journellement employées par tous les médecins.

CHAPITRE II.

Suite de l'examen du Rapport.

PARAGRAPHE PREMIER.

Du mode d'action des purgatifs sur l'homme.

Après avoir offert les résultats précédens, qui nous paraissent d'une évidence incontestable, nous allons poursuivre la marche qui nous est tracée par le rapport même, et tout en convenant comme ses auteurs, que ce ne devrait point être ici le lieu d'envisager les évacuans, comme agens thérapeutiques, non plus que sous le rapport des phénomènes que leur introduction provoque dans l'organisme de l'homme; nous allons, dis-je, ainsi que les auteurs du rapport, et comme eux sans crainte, mais sans prétendre tout dire, aborder cette importante question.

Les membres de la commission commencent par esquisser à grands traits le mode d'action des drastiques sur l'organisme, après leur introduction sur la membrane muqueuse du canal digestif; ils représentent les symptômes qui en résultent sous le point de vue le plus alarmant; invoquant le témoignage de divers auteurs, les uns recommandables comme *Willis*, *Hoffmann*; les autres, obscurs, ou peu connus dans les fastes de l'art, tels que *Riedlin*, *Vanderwiel*, *Thoner*, *Graaf*, *Wepfer*, etc.... Citant divers faits puisés à différentes sources; puis après avoir, en suite de tout cela, décidé que les drastiques méritent l'anathême et la proscription, qu'ils ont d'autres moyens pour mettre à leur place, ils passent aux expériences qu'ils ont cru devoir tenter sur les animaux vivans, pour finir, comme par un coup d'éclat, le tableau qu'ils viennent de tracer.

Les membres de la commission connaissaient trop bien les effets qui suivent l'administration des évacuans actifs chez l'homme, pour présenter un tableau infidèle de ces phénomènes; aussi n'est-ce point de l'inexactitude, mais une grande exagération qu'on a droit de leur reprocher; exagération placée là comme à dessein, et bien capable, il faut en convenir, de semer l'épouvante!...

En effet, l'action de ces évacuans est représentée, par eux, à un degré tel, que les symptômes qu'ils énumèrent sont précisément ceux qui appartiennent à l'empoisonnement par les substances *âcres et corrosives*.

Ce n'était cependant point au degré capable de produire l'empoisonnement que l'équité exigeait qu'on envisageât, dans ce cas, l'action des évacuans de M. Le Roy, dont les doses, positivement désignées dans sa méthode, sont présentées dans le précédent chapitre, comme étant modérées et les mêmes que celle indiquées dans les traités de thérapeutique qui guident les médecins dans l'application qu'ils font de ces substances.

Il est donc injuste d'offrir, dans le rapport, les effets des évacuans à leur plus haut degré d'intensité, c'est-à-dire au degré qui signale l'empoisonnement; il fallait décrire ce qu'ils produisent lorsqu'ils sont administrés à dose médicinale; car, en partant des principes qu'ont adoptés les membres auteurs du rapport, l'on serait en droit de demander compte aux médecins, de l'emploi qu'ils font journellement de *l'émétine*, de *la morphine*, du *nitrate d'argent*, du *deuto-chlocure de mercure*, comme de tous les autres agens, dits *héroïques*, pris dans la classe des poisons et bien autrement dangereux que les résines purgatives.

Essayons donc à notre tour de rétablir les faits, en présentant une analyse sommaire, mais suffisante pour notre but, des phénomènes que l'on observe, après l'administration des évacuans à *dose médicinale.*

La médecine met en usage plusieurs espèces de purgatifs; et comme ces médicamens offrent des différences appréciables dans leur mode d'action, on les distingue les unes des autres par la propriété qui a paru la plus saillante.

Par exemple, la *rhubarbe* semble surtout porter son effet sur l'intestin *duodenum,* d'où résulte l'excitation, plus prononcée que par tout autre purgatif, de l'action sécrétoire du foie par la communication qui existe entre ces deux viscères à l'aide du canal cholédoque; aussi la rhubarbe est-elle connue depuis long-temps comme propre à purger la bile. (Cholagogue.)

L'action de l'aloès se marque, au contraire, fortement sur le gros intestin, surtout sur la portion inférieure du *rectum;* administrée à dose fractionnée et pendant un certain temps, consécutivement, ce purgatif échauffe, comme on dit vulgairement, et provoque une irritation permanente vers la marge de l'anus, qui est souvent suivie d'hémorroïdes.

Le *séné, plusieurs sels neutres purgatifs,* mais surtout la *scamonnée, le jalap, le turbith, la gomme gutte,* intéressent particulièrement la surface muqueuse des intestins grêles et des nombreuses glandes qui y sont répandues; aussi de la sérosité, des matières mucoso-glaireuses sont-elles le produit de cette action, et se trouvent abondamment mêlées aux autres sécrétions abdominales dont ils provoquent l'expulsion. Ces derniers purgatifs désignés sous le nom de *Drastiques,* c'est-à-dire *actifs*, connus par les anciens, comme plus propres que les autres à purger les *sérosités* et le *phlegme*, sont ceux qui nous intéressent particulièrement, puisqu'ils forment la base du purgatif de M. Le Roy.

Lors donc que ces dernières substances sont introduites dans le canal alimentaire à *dose médicinale*, elles activent la vie dans les organes qui éprouvent leur contact; c'est-à-dire qu'elles y augmentent la chaleur et y appellent les fluides. Par ces propriétés, ces substances deviennent capables de produire des révulsions ou des dérivations extrêmement utiles dans un grand nombre de cas pathologiques, tant en déplaçant l'action vitale concentrée quelque part et la répartissant sur des surfaces ou des organes qui peuvent la supporter plus ou moins de temps sans danger, que par le vuide général qui s'opère par l'évacuation des fluides dont elles ont, de toutes parts, provoqué l'appel.

Car, non seulement les surfaces que touchent les substances émétiqués ou purgatives, entrent en action, mais transmises au loin par continuité de tissu, l'excitation se propage dans le foie, dans le *pancréas*, qui dès-lors pressent leurs mouvemens et versent abondamment des fluides dans l'intestin duodenum.

Par suite des puissantes sympathies qui unissent le canal intestinal aux autres organes, et par la commotion physique qui résulte de l'acte de la purgation ou du vomissement, tous les appareils organiques sont influencés; la circulation s'accélère, la sécrétion des urines devient ordinairement plus abondante, la température de la peau s'élève sensiblement; mais bientôt tout cet appareil de phénomènes se ralentit, et le calme ne tarde point à reparaître, accompagné d'un affaissement des forces physiques et morales proportionné à la secousse; affaissement qu'un simple bouillon gras suffit, le plus souvent, pour dissiper.

L'on voit que le mode d'action de ces médicamens donne la faculté d'opérer des mutations profondes dans l'organisme; et c'est en l'envisageant sous ce point de vue, que le médecin physiologiste voit d'abord combien est puissante la méthode de M. Le Roy, qui prescrit la répétition rapprochée des doses purgatives.

Du reste, « les vomissemens considérables, l'anxiété profonde, les » spasmes à l'épigastre, la suffocation avec resserrement très-doulou- » reux du thorax, les défaillances continuelles, la soif inextinguible

» les vomituritions continuelles, les défaillances générales, la froi-
» deur de la peau et des extrémités, le pouls intermittent; » et tout cet effrayant attirail de symptômes que les auteurs du rapport prétendent être à-peu-près constamment le résultat de l'administration du purgatif de M. Le Roy, sont, nous l'avons déjà dit, les signes auxquels on reconnaît l'empoisonnement par les substances âcres et corrosives; or, ces symptômes ne s'observent jamais à ce degré chez les malades qui suivent le traitement évacuatif.

Loin de là, nous osons dire par suite d'observations multipliées, et pour l'avoir éprouvé par nous-mêmes, nous osons dire que, dans la grande majorité des cas, les purgatifs de M. Le Roy agissent sans provoquer de commotion fatigante; cela est si vrai, que la plupart des malades qui adoptent ce mode de traitement avec tant soit peu de résolution, parviennent à se purger, 2, 3, 4, 5, souvent même beaucoup plus de jours de suite; et, chose plus surprenante encore, ce sont ordinairement ces derniers malades qui éprouvent le plutôt les effets salutaires du traitement; leurs forces reviennent; l'appétit, le sommeil reparaissent; leurs douleurs se calment sous l'influence même de ces commotions répétées.

Avouons-le sans réserve, et convaincus par une observation soutenue pendant plusieurs années; c'est-à-dire en nous appuyant sur des milliers de faits; avouons-le, dis-je, sans réserve, la méthode évacuante de M. Le Roy est un bienfait pour l'humanité. Sans prétendre nous constituer ici le Champion de l'humorisme, et partant simplement de l'expérience qui fût toujours la loi de tout médecin raisonnable, nous osons avancer que l'administration répétée des évacuans est le plus puissant moyen qui soit offert à l'art pour combattre, en général, les affections maladives du genre chronique; c'est même, on peut le dire hardiment, l'unique, le seul moyen qui offre des résultats aussi satisfaisans que nombreux, si l'on veut considérer attentivement l'insuffisance trop avouée des méthodes généralement suivies.

L'administration répétée des évacuans, lors des prodomes, ou au début d'une maladie aiguë, offre des avantages non moindres; et la perturbation énergique provoquée en temps convenable, fait avorter des maladies qui s'annonçaient avec un caractère remarquable de gravité.

Des milliers de malades doivent le rétablissement de leur santé ou l'amélioration de leur sort, à la méthode évacuante; et de ceux-ci, un grand nombre implorait depuis long-temps en vain, les ressources de l'art et les talens des plus célèbres médecins.

Consultez les habitans des régions lointaines; écoutez dire l'africain, l'habitant des Antilles, des îles espagnoles ou du continent américain; dans toutes les localités, sous toutes les latitudes, même résultat; c'est un concert unanime et, d'après leur dire, la méthode évacuante serait un nouveau bienfait de la providence.

On ne voit plus, depuis quelques années, disent tous les Colons, des nègres pourrir abandonnés sur un fumier infect, rongés extérieurement par de vastes et dégoutans ulcères, et intérieurement par des vers de toutes les classes et de toutes les dimensions (1); tous sont ce qu'ils appellent, à juste titre, nettoyés, ou occupés à se nettoyer, c'est-à-dire, à se purger, dès que l'affreuse maladie les attaque.

Revenez maintenant sur le sol de la France, vous rencontrez des résultats analogues et aussi extraordinaires; des maladies de tout genre, détruites ou amendées; on en voit même quelques-unes, telles que la tumeur et la fistule lacrymale, dont on n'obtient ordinairement la guérison ou l'adoucissement, qu'à l'aide d'opérations douloureuses et dégoûtantes, céder à ce puissant prophylactique.

Pourquoi donc cependant tant de prévention de la part des praticiens contre ce mode de guérir? Nous ne croyons point devoir en rechercher aujourd'hui les motifs; mais s'il est avéré que son application produit un si grand bien, dirigée par le seul bon sens de ceux qui l'emploient, quels prodiges cette application, guidée par les méde-

---

On a vu de ces malheureux nègres se guérir radicalement, quoiqu'ils fussent abandonnés depuis plusieurs années comme incurables, et comptés seulement *pour mémoire* sur l'inventaire des habitations.

cins n'opèrerait-elle pas!.... L'on verrait aussitôt disparaître ces récits d'accidens produits par cette méthode ; récits toujours exagérés, mais quelquefois possibles chez des personnes imprudentes. Nous connaissons plusieurs praticiens qui ont adopté soit ouvertement, soit en secret, ce mode de traiter leurs malades, et tous s'accordent à dire qu'ils les guérissent plutôt, plus sûrement, qu'ils opèrent des cures sur lesquelles ils n'eussent pas crû devoir compter. Mais enfin, quand bien même nous n'aurions que le témoignage de notre propre expérience, nous serions encore assez forts pour justifier ce que nous venons d'avancer, et nous n'aurions pour ainsi dire, besoin que de frapper du pied pour en offrir à l'instant des preuves aussi nombreuses qu'irrécusables.

Qu'y a-t-il du reste d'étonnant en cela!... N'est-ce pas une saine physiologie qui nous guide? N'est-ce pas sur une méthode également déplétive et révulsive que tous les praticiens exercés fondent l'espoir des guérisons difficiles qui leur sont confiées? *Moxas, raies de feu, sétons, cautères, vésicatoires, sinapismes, douches, frictions, bains de pied,* et jusqu'aux sangsues, n'agissent-ils pas entièrement dans le sens de la méthode évacuante? C'est sur la même théorie que se fonde leur emploi; seulement si l'on n'obtient pas de ces derniers moyens des résultats aussi marquans que par la méthode purgative, c'est que dans ce cas l'on opère la dérivation par l'intermédiaire de la peau ou du tissu cellulaire sous-cutané, doués l'un et l'autre d'un degré de sensibilité bien moindre que la membrane muqueuse du canal digestif; et privés, en grande partie, des nombreuses et puissantes sympathies, à l'aide desquelles ce canal exerce de si profondes influences sur les autres organes.

Voilà l'unique cause de la différence des résultats; voilà pourquoi l'emploi répété des évacuans, dirigé par une main exercée, offrira toujours des avantages incontestablement supérieurs, et pour le nombre, et par la promptitude du résultat, à chances au moins égales pour les inconvéniens.

Maintes fois appelés près des malades, chez lesquels le médicament avait développé des symptômes inquiétans en apparence, nous sommes dans tous les cas, et toujours dans un très-court espace, parvenu à rétablir le calme, à l'aide de simples émolliens. Aussi n'avons-nous pas été peu surpris en voyant les membres de la commission, auteurs du rapport, présenter, comme conséquence, pour ainsi dire immédiate et nécessaire des évacuans de M. Le Roy, tout cet effrayant appareil de symptômes et d'accidens pathologiques qu'ils énumèrent avec une complaisante exagération.

Au reste, si à notre tour, nous invoquons des témoignages, nous voyons, en ouvrant les annales de l'art, les purgatifs, et surtout ceux du genre *drastique,* en honneur dans la médecine ancienne et du moyen âge; *Hippocrate, Galien, Celse*, en font un pompeux éloge; et l'on voit plus tard les *Bontius*, les *Cartheuser*, les *Stohl*, et jusqu'à *Sydenham,* célébrer leur efficacité. Les *Éphémérides des curieux de la nature* rapportent diverses guérisons importantes opérées par leur secours; les Anglais, les Allemands, savent encore aujourd'hui les apprécier à leur juste valeur; et les résultats obtenus par *Daillaud*, dans le siècle dernier, semblaient devoir éviter à ce praticien, le mépris que le rapport que nous examinons, deverse aussi sur lui.

Suite de l'examen du Rapport.

PARAGRAPHE II.

Expériences tentées sur les animaux vivans.

Quant aux expériences tentées sur les animaux, pour obtenir des résultats capables de prouver le danger de l'emploi des évacuans drastiques chez l'homme, nous osons, appuyés d'autorités respectables, récuser entièrement ce genre de preuves; et bien loin de considérer, avec les membres de la commission, ces tentatives comme louables et utiles, nous les regardons, avec raison, comme vaines et illusoires.

D'abord ce qui souvent est poison ou médicament pour l'homme, ne l'est pas pour les animaux et *vice versâ*.

En second lieu, que peut-on conclure des traces que l'on croit voir dans les viscères de ces innocentes victimes, lorsqu'après les avoir torturées, soit à l'aide de ligatures ou d'opérations préliminaires plus au moins douloureuses, soit pour leur introduire violemment le liquide qu'on désire éprouver, l'on vient enfin à les égorger?

Fait-on cas de la douleur qui en résulte et de l'effroi qu'on leur imprime, comme étant capables de porter une profonde commotion dans les système nerveux, et tout aussitôt dans les sécrétions et les mouvemens des viscères?..... fait-on cas du bondonnement auquel on les soumet, lequel arrêtant violemment l'évacuation pressante des fluides qui remplissent les intestins, force ces mêmes fluides à rétrograder tumultuairement vers une direction contraire à celle que leur imprime le mouvement péristaltique du canal digestif, qu'ils dilatent alors outre mesure, en pressant et refoulant tous les viscères des cavités abdominale et thorachique dont ils étouffent douloureusement les fonctions?.... non sans doute! on néglige entièrement ces importantes considérations et d'autres encore dont l'examen nous mènerait trop loin, pressés que nous sommes par le cadre qui nous est tracé. Bornons nous donc, pour réduire à rien ce genre d'expérience, à citer ici le sentiment de deux autorités, dont, en cette matière, qui que ce soit n'oserait récuser le témoignage.

« Je ne puis trop le répéter avec *Ludwig*, dit M. *Chaussier;* ces sortes d'expériences, sont illusoires et trompeuses : *experimenta cum animalibus brutis instituta, fallacia sunt.* » (Inst : med : leg : §. 331.)

Et d'ailleurs, si les membres expérimentateurs avaient réellement empoisonné les *quatre chiens* dont parle le rapport, ce qui est et sera toujours très facile quand on voudra, il fallait bien, (ou du moins cela était probable), qu'il en existât des traces; mais il n'était pas question, et c'est toujours, cependant ce que l'on veut dans le rapport, il n'était pas question, dis-je, d'expérimenter avec des doses capables de provoquer des accidens de ce genre; c'était avec des doses modérées, et simplement suffisantes pour purger qu'il eût fallu opérer. Or, bien certainement, dans ce dernier cas, les expérimentateurs n'eussent eu que peu de chose à observer; puisque nous connaissons nombre de faits qui, loin de parler ici contre la liqueur purgative de M. Le Roy, prouvent au contraire qu'elle peut être employée avec succès chez diverses espèces d'animaux : des chiens, chevaux, dindons, perroquets, malades, s'en sont bien trouvés, et n'ont rien éprouvé de ce qui est dit dans le travail présenté à l'Académie de Médecine.

CONCLUSIONS GÉNÉRALES.

Il résulte des faits précédemment avancés :

1° Que les chimistes chargés d'analyser les évacuans dits de Le Roy, pour en présenter le résultat à l'Académie de Médecine, ont opéré par erreur, ou par suite d'une méprise, sur la liqueur purgative dite du 4e *degré*, et non sur la liqueur purgative dite du 2e *degré*, comme ils l'avancent dans le rapport.

2° Que quand bien même la recette des évacuans que M. Le Roy a donnée au ministère de l'intérieur, en même-temps qu'il la publiait dans ses ouvrages, ne serait pas en tout conforme à celle d'après laquelle M. Cottin confectionne les évacuans dits de Le Roy, il n'en est pas moins démontré vrai, que dans ces derniers évacuans, c'est-à-dire, dans les évacuans analysés par les membres de la commission, les substances médicamenteuses ne s'y trouvent qu'à des doses très-réservées et telles que tout médecin les avoue, et les emploie journellement dans sa pratique.

3° Que la méthode purgative, ou l'administration répétée des évacuans, d'après les procédés de M. Le Roy, loin d'être meurtrière, ainsi que l'avance l'Académie de Médecine par l'organe de sa commission qui, on l'a vu, s'obstine injustement à considérer l'action des évacuans drastiques au degré qui signale l'empoisonnement; que dis-je, loin d'être dangereuse, cette méthode, est au contraire, incontestablement supérieure aux traitemens recommandés par la médecine ordinaire.

4° Que les expériences qu'ils ont tentées sur les animaux vivans pour appuyer leur prétention, loin d'être en rien concluantes, sont au moins inutiles et illusoires.

5° De plus enfin, que le rapport de l'Académie aurait dû se borner à examiner si la méthode de M. Le Roy était bonne ou mauvaise; que toute la question était là; et que sans aller plus loin, sans personnalités, sans exagérer ou dénaturer les faits, cette assemblée, supposant cette méthode dangereuse, il devenait de son devoir d'en provoquer incessamment la suppression absolue, soit à l'aide des lois actuellement en vigueur, soit en suppliant l'autorité de lancer une ordonnance de proscription. Dans une telle position tout ménagement, toute concession doit paraître aussi condamnable qu'extraordinaire !.... Pour nous cependant, nous n'en sommes point surpris, et nous pensons que l'Académie Royale de Médecine, qui renferme dans son sein des hommes qui joignent à de grands talents une conscience à l'épreuve, n'a usé de réserve que par de puissans motifs et en suite de réflexions graves.

N'a-t-on pas craint, en effet, qu'en provoquant des mesures trop rigoureuses, l'autorité qui a tant de moyens de faire vérifier les faits, éveillée par de nombreuses et puissantes réclamations, ne s'aperçut bientôt qu'on la poussait à commettre une injustice!....

De plus encore, bien que l'Académie de médecine en corps ait donné une sanction apparente au travail de ses commissaires, auteurs du rapport, n'est-il pas probable qu'un plus ou moins grand nombre des membres de cette assemblée a dû faire les réflexions suivantes!.

Le rapport reproche des cas de mort à la méthode de M. Le Roy; mais quelle méthode de traitement guérit toujours et ne voit jamais mourir des malades!... Les méthodes, en médecine, sont nombreuses, et presqu'aussi changeantes que le temps et la mode!...

Le rapport reproche aux purgatifs de M. Le Roy, de causer des accidens et des maladies consécutives; mais ce même travail ne fait aucune mention des guérisons qu'on dit qu'ils opèrent de toutes parts, à en juger par le nombre d'attestations écrites et la propagation immense de ce mode de traitement!....

Ces recherches, qu'il était au moins équitable de faire, n'eussent point dû être omises par les rapporteurs; chaque membre de l'Académie pouvait avoir par devers lui, la connaissance de quelqu'un ou de plusieurs de ces faits, et dès-lors le travail a dû paraître incomplet, inexact, et conséquemment frappé de nullité dans leur opinion personnelle, d'après cette évidente partialité.

Après avoir défendu la méthode évacuante, disons, toujours dans l'intérêt de la vérité, et pour rétablir les faits, quelques mots de son propagateur.

Le chirurgien Le Roy est un homme d'une probité sûre, de mœurs austères et irréprochables et d'une bienfaisance reconnue. Doué d'un caractère ferme, convaincu qu'il défend une vérité, il a supporté avec la résignation du sage, les vexations de tout genre que lui ont suscités ses antagonistes, et il attend avec le calme d'une conscience qui ne se reproche rien, les nouvelles épreuves qui lui sont peut-être encore réservées. En tout point, honnête homme, il ne mérite nullement, quoiqu'on dise ou fasse, d'être confondu avec de vils empiriques (1)

---

(1) Empiriques est pris ici dans le sens de charlatan; désignation du reste, consacrée à tort, puisque les médecins empiriques formaient jadis une classe estimable; et aujourd'hui même la médecine n'agit que trop souvent empiriquement dans un grand nombre de circonstances, où l'on ne peut s'éclairer du flambeau de la physiologie.

la honte de la société; non plus qu'avec quelques misérables titrés, que l'on voit depuis quelque temps se traîner honteusement sur ses traces, alléchés par l'appât du gain et de son étonnante réputation ; réputation sans tache, qui sera appréciée par l'équitable avenir et qu'essaient en vain de flétrir de méprisables folliculaires, qui dans leurs insolentes provocations, confondant le caractère de l'homme et de ses œuvres, oublient leur véritable et utile destination pour trafiquer de la calomnie.

Pour l'auteur de ce plaidoyer, placé depuis long-temps, par des circonstances qu'il est inutile de dire, à portée d'apprécier la méthode purgative et son auteur, il a pensé que dans ce moment de crise, il était de son devoir d'élever la voix pour leur défense; mais sans fiel; en se plaçant le plus possible à la hauteur de la science; dans l'intérêt de la justice; poussé par le seul désir de communiquer sa conviction sur une chose qui intéresse de si près l'humanité.

Il croit avoir fait d'utiles efforts; mais si, contre son espoir et malgré l'évidence des faits, sa voix était étouffée par l'influence du nombre entouré du prestige de l'opinion publique et soutenu du pouvoir, il ne pourrait que gémir de cette injuste prévention, en conservant, toutefois, l'assurance que les médecins finiront, tôt ou tard, par adopter ce mode de traitement, dont l'application, bien dirigée, fournit tout les jours tant de si notables résultats.

Fait à Paris, le 16 octobre 1823.

IMPRIMERIE DE CARPENTIER-MÉRICOURT,
Rue de Grenelle-Saint-Honoré, n. 59

www.ingramcontent.com/pod-product-compliance
Lightning Source LLC
LaVergne TN
LVHW050513160826
845677LV00003B/1098

* 9 7 8 2 3 2 9 6 3 3 5 9 6 *